Dr GEORGES CELOS

NUITS DE DEUIL
JOURS DE GLOIRE

Première partie : « Cros Opus » [Tirs de gros canons.]

Illustrations par l'Auteur

(d'après ses dessins et aquarelles de 1916-1919.)

PARIS

CHEZ L'AUTEUR

1923

Le Monitor « Erebus » pavoisé à l'Armistice.

Dr GEORGES CELOS

NUITS DE DEUIL
JOURS DE GLOIRE

Première partie : « Cros Opus » [Tirs de gros canons.]

Illustrations par l'Auteur

(d'après ses dessins et aquarelles de 1916 - 1919.)

PARIS

CHEZ L'AUTEUR

1923

Tous droits réservés

————————

A MONSIEUR LE GÉNÉRAL LÉVI

GOUVERNEUR DE DUNKERQUE

1919-1922

Commandeur de la Légion d'Honneur et de la Couronne d'Italie,
Décoré de la Croix de Guerre Française
(Blessé de Guerre. — 5 Citations à l'Ordre de l'Armée.)
et des Croix de Guerre Belge et Italienne
Officier de l'Instruction Publique

Hommage respectueux

en communauté d'affection pour Dunkerque et Venezia
qui, aux extrémités de cette Barrière où pendant des années
se sont heurtées les Haines qui caractérisent l'Humanité,
ont souffert pour la même Cause et par les mêmes causes,
devant l'Éternelle Majesté de la Mer !

———————

Tirage de cet ouvrage : 105 Exemplaires.

Exemplaire Nᵒ

PRÉFACE

MON GÉNÉRAL,

Lorsqu'un subalterne se rend chez le Général, sans y avoir été appelé, il doit se faire présenter. Certes, vous connaissez mon nom, puisque déjà Messieurs le Dr Duriau et Louis Trystram, deux citoyens de ma chère et glorieuse Dunkerque, ont été assez aimables pour faire, près de vous une démarche en ma faveur, dont je leur suis très reconnaissant. Mais aujourd'hui, je viens chez vous en personne — ou du moins, en un livre tout personnel, car je n'ai pas revu Dunkerque à mon grand regret, depuis plus de 3 ans — et je me suis fait accompagner par deux Dunkerquois, dont je vous parlerai plutôt qu'ils ne vous parleront de moi.

Chacun connaît le premier de mes « Seconds ». C'est Jean Bart, et je ne pouvais m'adresser mieux. Son nom, symbole d'héroïsme et de courage, a soutenu nos cœurs aux plus tristes heures de 1917, et vers son image, étaient tournés nos regards en Avril 1918, lorsque la Cité faillit subir, devant l'Histoire, la honte d'une évacuation en face de l'ennemi. Près de la statue qui est le Palladium de Dunkerque, certains, dont je suis fier d'avoir été, ont alors entendu la voix du Passé leur criant l'Espérance : « Flandre sommeille, mais ne meurt pas! »

Mon autre introducteur est — références parler — moins grand que J. Bart, bien que de noble famille d'armes. C'est un de vos collègues, gouverneur de Dunkerque, dont le nom m'a paru quelque peu oublié. A vrai dire, j'étais avant de le rencontrer, intime avec sa famille que j'ai connue à Verneuil sur Avre (Eure) pendant mon séjour d'Aide-Major à l'Hop. Cte N° 33. Aussi ce fut un plaisir pour moi de trouver à Dunkerque cet Officier Supérieur, homme charmant dont les hautes relations pouvaient m'être utiles.

Ce fut à la bibliothèque de la ville, où je travaillais justement à *Quelques-Uns des Secrets de Verneuil*, que nous fîmes connaissance, et nous nous y sommes vus souvent en l'Automne de 1917. Ce Gouverneur était instruit et discret ; il ne m'en voulut pas d'avoir jugé défavorablement un de ses parents et de l'avoir écrit. Quelque temps, nous nous vîmes. Quand je revins, à force de démarches, de Rouen où j'avais été envoyé, le jardin public contenait, du fait d'une bombe, une partie de la bibliothèque. Lorsque celle-ci rouvrit, en Janvier 19, j'y retrouvai mon ancien ami qui était toujours à son poste, en bon gouverneur de Dunkerque, dont les évènements ne l'avaient pas trop vieilli. Dans son cadre intact (ai-je dit qu'il était dans un cadre) je fus heureux de retrouver, sur du papier solide, son habit rouge, ses bas bleus, son tricorne, sa perruque et l'inscription : « Jacques Rouxel Comte de Médavy. Lieutenant général des armées du Roy, Gouverneur de Dunkerque et chevalier de ses Ordres, en 1706. — A-Paris-chez I. Mariette, rue S¹ Jacques, aux Colonnes d'Hercule. »

Le chef de la famille, Pierre I baron Rouxel (un acte de 1590 porte : Roussel) seigneur de Médavy (ou Mesdavy, Médavid ; Henri jv écrivait Médavit) a laissé quelques souvenirs comme gouverneur de la grosse place forte qu'était alors Verneuil, un des centres de la Ligue.

Claude de Sainctes ou de Saintes (1525-1591) évêque d'Évreux, qui mourut emprisonné et, dit-on, empoisonné « non sine suspicione veneni ab hæreticis propinati » par le Parti Protestant, et que l'Église a mis dans les Saints Acmères, avait fait de Verneuil un foyer de Ligueurs, dont était Rouxel, qui, sans avoir les convictions de Saintes, se mit au service du maître de l'heure. Fait prisonnier à Ivry, puis relâché, il enleva — 19 Janvier 1590 — Verneuil à Henri jv et sans Godebilie, curé de de La Madeleine, aurait pillé la ville. C'est le droit du vainqueur. Mais le 25 Mars 94, il rendait Verneuil au roi reconnu et recevait ses bienfaits, avec une décoration et le gouvernement de la ville. « C'était, a dit Vaugeois, un homme sans honneur et avide d'argent. » (*Hist. .. de la ville de L'Aigle etc.* 1841, p. 445.) Il y en eut donc avant notre époque; Lechat s'est alors trompé en mettant ce texte (*Histoire de Verneuil* 1913) au compte de Th. Desligneries, qui avait donné Verneuil à Henri jv, le 16 Janvier 1590; mais en politique, et avec le roi, qui savait changer d'opinions, ces seigneurs étaient faits pour s'entendre.

Le puissant baron Rouxel, maître de Verneuil, y leva des taxes sur les bourgeois et marchands du pays. Comme aujourd'hui, on en fit une chanson. Un *Mémoire* etc. 1674-1765, publié par Veuclin en 1898, le traite de cruel, dur, tiran. Les bourgeois s'étant pleints à Louis xiij, il destitua Rouxel « vers 1647 » 4 ans après la mort du roi! le Château de Verneuil fut abattu « en 1632, après la mort de Médavy. » Ce Mémoire est plein de ces contradictions dont l'Histoire est souvent faite et il ne faut pas s'en étonner.

D'après Vaugeois, Charles de Valois, commandant pour le roi en 1617, chassa Rouxel de Verneuil et en 1620, le roi signa la ruine du Château, très grosse perte — pour nous.

Mais l'*Armorial* de d'Hozier, qui constitue un document sérieux, dit (2ᵐᵉ Registre, 2ᵐᵉ partie, p. 834, 1742) que Rouxel mourut le dernier (jour) décembre 1617 — à Rouen, précise Anselme.

Pierre I est un assez triste sire et je ne me vanterais pas de nos relations, n'était sa femme. En 1588, il avait épousé Charlotte de Hautemer de Grancey, fille du maréchal, nommé aussi de Fervaque, unissant les armes des Rouxel : « d'argent à 3 coqs de gueules, crêtés, becqués et barbottés d'or » aux « 3 ondes d'azur, sur or » des Hautemer. 17 enfants naquirent de ce mariage et lorsque Mᵐᵉ de Médavy, en 1627, fonda — en intention réparatrice des exactions de son mari, j'en suis persuadé, bien qu'on ne l'ait pas écrit — cette Abbaye des Bénédictines de S. Nicolas de Verneuil, dont j'imprime entre temps l'histoire et qui est un coin du Ciel sur terre, ce fut sa 8ᵉ fille, Guyonne Scholastique, qui en fut la Iʳᵉ Abbesse.

Voici maintenant la filiation, sans compter les enfants accessoires (le P. Anselme : *Histoire Généal. et Chron. de la Maison de France*, T. 7, p. 569) :

Jacques Rouxel de Médavy, (le 5ᵉ fils) 1603 - 1680, homme d'épée, maréchal de France.

Pierre ij , 1626 - 1704, maréchal de camp.

Jacques Léonor (mon *ami*) 1655 - 1725, gouverneur de Dunkerque en 1692, Lieutenant général en 1702, combattit en Italie sous les ordres de Philippe v d'Espagne, contre l'Autriche (Succession d'Espagne) maréchal de France en 1724.

Là paraît s'arrêter le nom de Médavy, en 3 générations, en dépit des 17 enfants! Et que reste-t-il malgré les révolutions et les guerres, pour perpétuer ce nom dans ses œuvres? un cloître, où près des pommiers qui ornent la poétique cour d'entrée, des Moniales travaillent et prient suivant le précepte: « Transitoriis quære Æterna . »

⁎

Bien qu'ils ne me fassent pas oublier les Supérieurs — dont Vous avez été, trop peu de temps, à mon gré — auxquels va ma gratitude, Bart et Rouxel ont été pour moi deux Chefs pendant la Guerre. Je me demandais sans cesse comment ils auraient jugé mes actions et, si j'ai rendu quelques services, c'est à eux qu'en revient le mérite. Aux heures des attaques, c'étaient leurs ordres que j'entendais dans la voix des sirènes: « La belle et fière Dunkerque souffre; va, fais pour elle ce que tu ferais pour Venezia, reine aussi de la Mer et martyre, si, en ce moment, la France avant tout, ne te réclamait pas. »

Dans les rues où le Siècle de Louis xjv a laissé des portes d'un style parfait et des dates en lettres de fer, j'ai souvent cru voir, au clair de lune, sous les projecteurs, passer des manteaux soulevés par le fourreau des épées. Bart et Rouxel visitaient leur Dunkerque déserte à l'heure de la cave. Pendant que je saluais les pompiers étendus, rue de l'Église, le 29 Septembre 17, le Marin et le Maréchal se tenaient dans l'ombre et le panache de leurs chapeaux balayait le sol.

Là tombèrent dans un sacrifice inutile, car l'eau ne pouvait éteindre l'essence d'une auto incendiée par une bombe, mais ils étaient en service commandé:

le lieutenant Lecroix Adolphe, le sergent major Platey Julien, le sergent Norbert Charles et les sapeurs pompiers Marias Charles et Spilliaert Jean.

Morts pour la France et la défense de Dunkerque bombardée.

Sans compter les autres victimes. Ce que j'ai vu en cette nuit de grande lune, et en d'autres, jamais ne s'effacera de mon souvenir.

———×———

DeLetI McrInI. 1553 ,

osait inscrire la vanité de Charles-Quint après la prise de Thérouanne. Ainsi parla 400 ans après, le sot orgueil Allemand, oubliant que nous, les Dunkerquois, étions les fils des Morins :

(Comm. Off. 4 Oct. 17) « .. Dunkerque est... la proie des flammes.. Ainsi... un des plus grands ports... se trouve anéanti. »

! mais parfois du côté Français, on a été aussi fort — été pour allé.

La réponse à ces paroles, Dunkerque l'a donnée d'une façon que j'ai admirée, le 4 Juillet 18 (Independence Day) en pavoisant les ruines de la nuit du 1ᵉʳ: dont la maison, rue des Bassins, - la cour, profondeurs de ce cratère de fumée dans le noir ! - et l'estaminet Vanpouille, quai

S. Éloi (Côté droit. A droite, la Rue des Vieux-Quartiers.)

des Hollandais. Les maisons de la Cité de Bart et de Rouxel ónt pu crouler, ses habitants n'ont jamais oublié ce qu'ils devaient à leur passé de vaillance et de gloire. Eux aussi ont entendu la voix des Chefs de jadis.

Ils sont cependant responsables de quelques incartades que Vous voudrez bien me pardonner, je l'espère; mais j'ai mérité des arrêts:

en sortant pendant les attaques, malgré les arrêtés de MM^{rs} les Généraux Gouverneurs Coutanceau, Laboria et de St Morel;

en dessinant, de même, dans la Place, des maisons bombardées, des vues du Port et, chose énorme, des navires de guerre - Anglais ! - sans une permission qui ne m'aurait pas été refusée, mais grâce à laquelle je serais devenu aussitôt « le major qui dessine » et cela, je tenais à l'éviter à tout prix. J'étais déjà assez indiscipliné et je tenais, avant tout, à mener à bien ce que j'ai entrepris en arrivant à Dunkerque : un livre.

Les ruses d'observation et la patience que j'ai employées, moi seul les connais. Cela m'a imposé une solitude, qui a été pour beaucoup avec le cours des évènements, dans une tristesse quasi proverbiale. Personne n'a vu les dessins que j'ai faits pour ce livre, qui m'a valu de m'exposer aux pires dangers : — au nez des Anglais, sinon à la barbe de ces gens rasés, j'ai peint des monitors ! — mais on fait des sacrifices pour ses enfants et mes gravures, dont j'extrais celles de cette étude, me vaudront peut-être des remerciments de ceux pour qui j'ai conservé ces souvenirs, si tristes soient-ils.

En outre, malgré l'avis de M. le Médecin Principal Beigneux, j'ai habité 2 ans rue de l'Église, où j'étais « aux premières loges » entre la Tour et la Mairie. Cela m'a permis de voir, sans que mon service d'hopital en ait jamais pâti, ce que d'autres ont ignoré. J'aimais cette maison calme, malgré son emplacement très exposé. J'y avais été aimablement reçu, je les en remercie encore, par Mme Dumont, puis par Mme Fichaux et sa fille, aujourd'hui Mme Rouffelaers ; j'étais près du M. Major Carlier, qui avait ma confiance comme chirurgien et de Mmes C. de Corlieu, ses infirmières dévouées. Et puis, loger dans les murs de Dunkerque avait autrement de panache que résider à la porte, où était ma formation. Et c'est quelque chose, le panache !

Ce n'est pourtant ni Bart, ni Rouxel, trop grands pour moi, que je me suis proposé comme modéle ; c'est un inconnu - en France, mais

j'ai de la famille en Pennsylvanie, dont j'aurais voulu imiter l'...
tus. Charley Reynolds, qui fut l'aide de camp du général Custer,...
de la guerre des Etats-Unis contra les Peaux-Rouges - qui, d'aille...
ne faisaient que repousser des envahisseurs de leur pays. Custer, un
Condottiere, brave et même téméraire, fut tué dans une embuscade
(1876) par un Indien, son ennemi - Inimicus - et qui, grêlé de variole
s'appelait « Pluie-dans-la-Figure ». Il servait sous les ordres du fameux
chef, dit rebelle, Sitting Bull. Celui-ci fut tué, peu après, bien qu'on
ait démenti le fait, par le chef, dit loyaliste, Tomahawk Rouge, le
même qui a fumé récemment le calumet avec le maréchal Foch.

Reynolds, qui périt avec l'armée de Custer, fut un tireur hors ligne
qui tua 60 Sioux avant de tomber et un incomparable pisteur. Mais
il avait d'autres qualités. « C'était - a dit de lui le baron Arnold de
Woelmont - un homme qui ne buvait jamais, ne jurait jamais, ne se
vantait jamais et ne disait de mal de personne. »

Belle louange, mais en France, Reynolds aurait eu bien peu d'amis.

***

C'est un livre plus important que celui-ci que je voulais vous dé-
dier, mais la lenteur de l'impression en remet la publication à une
date lointaine. Il y a longtemps que j'ai quitté notre glorieuse ville
de Dunkerque — 3 années d'après guerre, plus dures que les années
de guerre. Le temps passe et je ne veux plus tarder à vous remercier
autant que je le puis du très grand honneur que j'ai reçu de vous.

On pourra trouver bizarre qu'un médecin fasse un travail qui est
de la compétence d'un officier du génie. Mais pourquoi un aide-major
qui a observé avec soin et par lui-même tout ce qui suit, n'aurait-il
pas la compétence d'en étudier le mécanisme ? C'est un travers des
hommes de tout juger — même les maladies — suivant des étiquet-
tes. Or, il ne faut pas dire d'un homme qui porte un poisson: « C'est
un pêcheur », suivant la sagesse Chinoise.

On dit que le Corps de Santé est non-combattant. « Nous sommes
des médecins déguisés en militaires », me disait un major, qui me
trouvait trop « soldat ». Là est l'erreur...

Avec le principe de la « Nation armée », la guerre doit redevenir ce
qu'elle était jadis. Tous, civils, prêtres, femmes, enfants, d'un pays
qu'on envahit, doivent avoir le droit de faire acte de combattants et

l'ennemi devra les regarder comme tels. La belle guérilla espagnole et la guerre des rues reviendront car, malgré toutes les anticipations sur la prochaine, la Guerre n'est et ne sera jamais que deux hommes qui se battent jusqu'à la mort de l'un - ou des deux.

La formule d'une guerre future paraît être: « Les citoyens, acceptant les risques de bataille, remplissent leur devoir civique et social, les armes à la main, tant que l'armée de métier n'a pas expurgé le sol natal. » C'est un principe que la force des choses devra imposer - le laboureur-soldat, ayant une mitrailleuse sur sa charrue.

Chacun risquera sa vie sans compter sur sa défense par d'autres.

L'évêque Turpin prenant la masse d'armes et Claude de Sainctes à Jarnac, à Moncontour, contre des Français! ont suivi ces idées là.

Dans ces conditions, il ne saurait être question de Conventions. Il a été montré par la Guerre, que « l'humanité » est un vain mot. Les horreurs, les atrocités, la sauvagerie, n'existent pas alors. C'est la Guerre qui, par définition, est barbare. Mais si on la fait, que ce soit avec toutes ses conséquences et que le principe d'hostilité domine le reste. Un ennemi blessé est, avant tout, un ennemi.

Le 15 Octobre 18, les Allemands, à la veille de quitter Ostende, nous lançaient, par une méchanceté suprême, 19 obus de 380, dont 17 ont fait des dégats dans Rosendael; à l'hopital 32 bis, un entonnoir de 10 m. fut creusé devant mon service de Vénériennes et un énorme culot troua les Vieux-Ménages, où j'avais des officiers grippés. A ce moment, arrivait un troupeau de Prussiens blessés, que je reçus avec notre si bonne infirmière, Mme Grangette. Certains étaient d'une arrogance extrême, disaient, sous les obus, que c'étaient des pièces françaises qui tiraient. Et, nous disputant, je les soignais tout en leur crachant des injures, ne pouvant imiter tout à fait ce docteur Braguibus, qui, vers 1526, pansait les blessés par sa pertuisane et parlait latin.

Une guerre inévitable par la « victoire » de 18 et peut-être prochaine, me fera reprendre mes galons et cette étude. Je souhaite que ce soit sous Vos ordres, *Somewhere in Germany*, et que ce jour là Rouxel Vous lègue son bâton de Maréchal.

Veuillez agréer, je Vous prie, mon Général, avec ma reconnaissance et cette dédicace, l'expression de mes sentiments les plus dévoués,

Le M. A. M. de 1re Cl., de Complément,

G. A. M. CELOS.

ADMONITION

Certes, l'Automne 17 fut mémorable. Lorsque je publierai, bientôt,
Sous l'Étendard bleu et blanc — celui de Dunkerque, sous lequel j'ai
eu l'honneur de servir de 16 à 19 — je raconterai toutes ces nuits de
bombardements que j'ai vécues fiévreusement, ce qui me permet, du
reste, cette étude. Mais le moment le plus critique dans l'histoire de
la Cité n'est pas là ; ce fut cette semaine du 8 au 14 Avril 18, où sous
les obus de la grosse batterie, nous nous sentions aller - 12 Avril ! -
vers le plus angoissant des inconnus. Et, puisque je parle de cette
période, que je salue les noms de ceux qui, alors, se sont souvenus
que Dunkerque était une de ces villes où l'on peut mourir, mais qu'on
n'abandonne pas :

L'Amiral Ronarc'h, commandant en chef les forces navales du Nord,
qui a su faire différer l'évacuation de la Ville et apaiser un début de
panique par sa fermeté ;

M. le Général Pauffin de Saint Morel, alors gouverneur, qui a ranimé
la confiance dans bien des cœurs ;

M. le Commandant Terquem, maire de Dunkerque, dont le dévoue-
ment à sa Ville s'est alors affirmé une fois de plus ;

M. le Médecin Principal Beigneux, Chef du Service de Santé de la
Place, qui a, grâce à son esprit de suite et de décision, conservé alors
à la France l'hopital de Dunkerque, convoité par un Service dit Allié,
alors que la majorité du personnel supérieur militaire en était partie
dans des conditions qui ne sont pas oubliées, malgré le temps ;

M. I. Monteuuis, Président de la Commission des Hospices, dont
la haute influence a empêché la désaffectation de cet hopital, en 1918
(Avril et Juillet) et à qui j'offre mes condoléances, pour la mort de
son fils, le Dr A. Monteuuis, (de Nice.)

Que le Dr Reumaux (de Dunkerque) et la famille reçoivent mes
sentiments de vive sympathie pour le décès de notre camarade le M.
A. E. Reumaux, qui succomba en 1919, à la maladie pour laquelle je
l'avais hospitalisé en Avril 18.

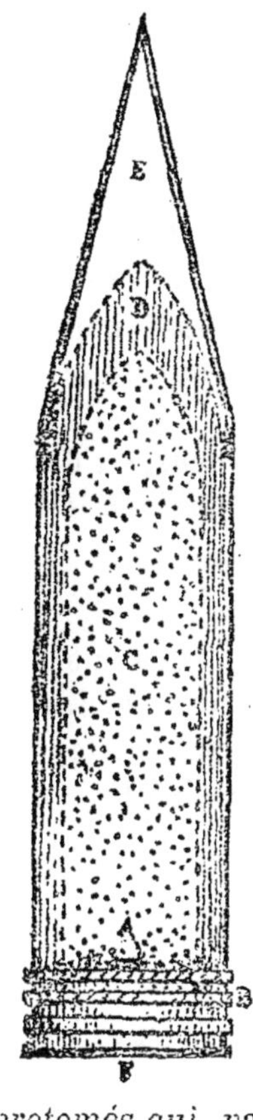

Légende de la figure ci-contre (Obus de 380.)

A: Amorce. — B: Couronnes ou ceintures, figurées en partie, lisses et avec les rayures après le tir. — C: Charge. — D: Ogive. — E: Coiffe. — F: Culot. (demi-schématique.)

Je n'ai aucun détail sur les tirs de Nancy, etc.

Les obus de Paris étaient caractérisés par : 21 cm. de diamètre; poids : 100 kil. ; 4 cm. de parois; obus double; rayures tracées d'avance sur la surface de l'acier. Ceci obligeait à marier les pleins et les creux en chargeant et n'était pas fait pour atténuer les frottements dans la pièce, comme on l'a dit, car la couronne prenait la rayure par forcement, comme d'ordinaire. Il y avait, au contraire, un frottement plus grand de ce fait, qu'avec les obus lisses qui, sans couronnes, sont souvent gais, dans les pièces. Mais la pénétration réciproque des rayures de l'obus et du canon assure une fermeture parfaite de la chambre à gaz, qu'elle empêche de souffler entre le tube et l'obus. C'est un des secrets du tir à 120 kil.

Les dégâts en étaient petits à côté du 380. Le 210 tombé devant ma porte, le 16 Juillet 18 à 10 h. 20, a fait 2 m. de dépavage, brisa la grille, une boutique, les vitres du boulevard et envoya partout des protomés qui, par malheur, tuèrent 3 personnes.

Loin d'être plat, le fond de ces obus est bombé avec une ouverture à bords évasés, où le culot, étroit, est vissé. Si l'on met l'obus coiffe en bas, on voit que c'est un joli vase que les Prussiens lançaient, un vase à piquer dans le sable , orné de nervures obliques coupées par une ceinture cannelée sous le goulot et auquel ne manque, pour être antique, qu'une inscription restaurée par Mommsen. On n'a pas plus de goût. Pour Paris....

Ayant vu plutôt arriver que partir les obus, je serai reconnaissant aux personnes qui voudront bien m'adresser, sur mes tirs de gros canons, des observations et critiques, dont il sera tenu compte autre part.

Ce livre devait paraître en 1920; retardé par les circonstances, j'en publie la Préface telle qu'elle aurait alors été.

Comme gros obus, l'hôpital 32 bis (hôp. de Dunkerque à Rosendael) a reçu : le 27 Juin 1917 (I^r tir) vers 5 h., un 380 à 20 m. du pavillon Félix Faure ; le 15 Octobre 1918 (dernier tir) vers 21 h. 30, un 380 à 10 m. de mon service de Vénériennes ; un culot, fendu, et des éclats dans les Vieux-Ménages (Officiers grippés) où fut blessé mon infirmier-major, le sergent Piriou Yves ; plusieurs 380 tombèrent tout près des clôtures, Avenue Vallon, etc.

Comme petits : un dans la façade du Pavillon d'honneur, au dessus de la Pharmacie, un dans la cheminée de l'usine et un dans le Pav. Trystram (le 25 Avril 17) .Plusieurs dans les jardins.

Je remercie MM^{rs} le Dr Duriau et Louis Trystram, des marques spontanées de sympathie qu'ils ont aimablement apportées dans des circonstances que je n'oublie pas — et M^r le Cap^e Blanchetête, chef de la Pyrotechnie de Dunkerque, à qui je dois bien des détails sur les bombes, qu'il a enlevées dans des conditions souvent périlleuses.

Errata :   lire :   au lieu de :

p. 10   2 m. 80   2 m. 30

p. 13 : les 3 couronnes, égales, ont 3 cm. Les rayures, sur le dessin, sont trop obliques. Hauteur totale de l'obus : 2 m. environ.

p. 15   24 Avril   25 Avril

p. 17   et 20 Anglais   et 21 Anglais

Signes typographiques spéciaux à l'auteur : ⌐ point de plaisanterie ; ǃ¡ point d'ironie.

L'importance du texte m'oblige à remettre à un autre fascicule, la suite de cette étude : *La Môme Torpille*, sur les gros projectiles des aéros.

Prochainement : *Sous l'Étendard bleu et blanc*. (Dunkerque 1916-1919) (par fascicules.)

Conformément à la Loi, cette brochure a été déposée au Ministère de l'Intérieur, (Section de la Librairie) en Mai 1923.

NUITS DE DEUIL, JOURS DE GLOIRE.

Dunkerque a subi, pendant toute la Guerre, des bombardements de toutes sortes dont la liste complète a été publiée dans *Le Nord Maritime* du 24 Novembre 1918 : par aéros, le plus souvent, Zeppelins, petits obus par mer, gros obus tirés à 40 kil. environ.

Les lignes, de Novembre 14 au 16 Octobre 18, étaient en Belgique à 30 kil. environ.

Les bombardements ont eu lieu par périodes très inégales; la Ville aussi calme parfois que Guéret, a connu des attaques quotidiennes pendant des mois.

Ce qui fut alors admirable, n'est pas tant le calme des Dunkerquois (dont beaucoup partirent d'ailleurs) que la continuation de la vie normale quoique restreinte et la rapidité vràiment fantastique du déblaiement et de la réparation des dégâts en quelques heures.

Et de cela, on ne saurait trop féliciter la Municipalité et les citoyens alors restés. Un exemple entre mille : un Samedi soir, une torpille tombe chez M. Vancayzeele, maréchal-ferrant, qui avait un fils mort au champ d'honneur. Au matin, sur la devanture clouée, on lisait : « Ouverture Lundi. » J'aidais le patron à rassembler ses outils : « Il faut bien que je rouvre malgré mon chagrin, me dit-il. L'un veut faire réparer sa voiture, l'autre a un cheval à ferrer. Je n'ai pas le droit de m'arrêter. »

C'est cela, le courage civique, et non les beaux discours.

Mais avec leur hâte à reprendre la vie, les Dunkerquois ont fait dire à certaines gens, d'esprit d'ailleurs jeunet, qu'il ne s'était rien passé chez eux. « Mais où sont les dégâts ? Ah! si vous voyiez X ou Z. Là il y a des ruines à chaque pas. »

Nous aussi en avons eu. Mais, au lieu de laisser les maisons dans la rue, on déblayait aussitôt. Ce qui était réparable rouvrait par des moyens de fortune. Le reste était clos en planches ou briques. Et les plus gros dégâts ayant été, dans des îlots de maisons, invisibles de la rue, on comprend que ceux qui se contentent d'apparences n'aient pas compris que notre Lion des Flandres n'a pas l'habitude d'étaler ses blessures pour exciter la pitié.

Nous aussi aurions été sans tramways, gaz ou électricité si tout le nécessaire n'avait pas été fait pour les rendre dès qu'ils furent atteints.

D'Août 1916 à l'Armistice, j'ai vu les bombardements de la Ville:

dans l'enceinte fortifiée, comme témoin, le plus souvent;

de l'hopital 32 bis, voisin, à Rosendael, les jours où j'étais de garde;

à partir de Septembre 18, à Rosendael où je dus loger et où les derniers projectiles tombèrent d'ailleurs presque tous.

Je parlerai très peu de ce qui s'est passé avant mon arrivée.

Dès Octobre 1914, les aéros vinrent sur Dunkerque; mais avec des obus à main ou de petites bombes de faible puissance, même lors des attaques en série de Février 17, au plus dur de l'hiver. C'est alors que je créai, pour les aéros ennemis, le terme de « Prussiens volants » et il eut du succès dans la Place.

Mais le 3 Juin 17, les « Gothas » vinrent avec de grandes torpilles et l'on vit qu'il ne fallait plus parler de « quelques pavés déplacés qui n'empêcheraient pas la victoire finale. » Les maisons descendirent à la rue et ma chambre me parut peu sûre. Quelles nuits je devais y voir !

Les torpilles pisciformes, de 1m. 70 de haut, pesant 100 kil., eurent bientôt - tout augmente - 2 m. 30 et 300 kil. (1918.) A l'Armistice, les Allemands en avaient de 1000 kil. On les reverra.

Les Zeppelins, énormes et vulnérables, sont venus sur Dunkerque à plusieurs reprises et l'un a lancé des bombes de 100 kilos rondes, noires, avec départ d'horlogerie, très laides et vraiment Boches. Mais ce Zeppelin n'a rien fait auprès des aéros.

Par 4 fois, Dunkerque a été bombardée par mer. Il fallait, pour cela, des nuits noires avec grande marée. Des destroyers, venant de Zeebrugge, franchissaient alors une passe, d'ordinaire impraticable, et en dépit des stationnaires, arrivaient devant Dunkerque, tiraient

Boulangerie.   Rue des Vieux Quartiers.   Le Bazar Larkin.

vers 2 h. des obus éclairants et aussitôt après, une gerbe d'un millier d'obus, rouges, verts, noirs, de 88 le plus souvent, en 15 minutes au plus et en faisant demi-tour; aussi ai-je vu des maisons recevoir dans deux directions différentes. Sous cette lumière aveuglante, crue, qui fouille les moindres coins et vous projette à pic — dommage qu'elle soit réservée à la Guerre — Dunkerque était curieuse à voir de loin; si j'étais alors en ville, je l'ai vue des environs sous des fusées d'aéros.

Le 25 Avril 17, les « Prussiens flottants » engagèrent un combat de triste mémoire pour nous (les Bancs de Flandre.) D'autres fois, on ne les inquiéta pas; mais le 21 Mars 18, ils furent pris sous le feu des forts et de l'escadre de garde et dans un long combat, qui fit frémir mes vitres non brisées, perdirent 3 destroyers et un torpilleur. Cela leur enleva toute envie de recommencer ces voyages.

Ils firent quelques victimes, dont le Major de la Place, M. Deschodt mort subitement le 23 Mars 17 et qui fut regretté de tous.

Les dégâts furent insignifiants. — On a vendu la carte d'une villa entièrement à plat, avec cette légende: « Effet d'un obus de 75 sur la maison d'un espion à Ostende. » C'est un mensonge éhonté. Il faut pour abattre une maison, une pluie de petits obus, même de 75.

Avec les gros, c'est différent.

Le 28 4 15, les Allemands tirèrent sur la Ville avec un Superkanon de 380. On ne le crut pas. Un officier dit à un autre, parlant « d'un canon », qu'il devrait se soigner et le directeur d'un pensionnat se plaignit à la Place que des enfants avaient failli être blessés par un tir d'essai !

Depuis, un obus est tombé à Paris, devant ma porte; mais le tir en 1915 eut un écho mondial. Il fit bien des victimes, de gros dégâts et la renommée de Dunkerque.

Le gros kanon fut détruit en Août 15; mais en 17, les Allemands en installèrent plusieurs: dans la forêt d'Houthulst (contre Bergues, Hazebrouck, Dunkerque) et près de la mer, pour celle-ci.

On a beaucoup discuté à ce sujet.

D'abord, il y avait plusieurs pièces; la rapidité du tir, parfois toutes les 8-10 ou même, 4-5 minutes, le prouvait. A l'évacuation d'Ostende les Prussiens, souterrains ceux-là, firent sauter une de leurs pièces; l'autre fut prise et le Génie resta un mois sans oser toucher à ce sac enfariné, dont des obus ornent Bart et la Mairie. Cette pièce était un

330, placé à Leughenboom , près de Mariakerke, dans une casemate;
à la porte, on lisait ces mots terrifiants :

Betreten der Baustelle
Ohne Ausweis &
Photographieren Verboten
Kaiserl. Fortifikation .

(Défense d'entrer dans la construction sans contrôle et de photo-
graphier. — Fortification Impériale.)

La manœuvre de la culasse, du monte-charge, le retrait des servants
avant le feu, tout cela mange du temps.

Ensuite, l'examen des éclats et des dégâts montrait que parfois le
tir a été fait par du 305, ou même du 280, sur rails sans doute; ce
qui explique que certains aient dit que les 380 de 1917 étaient moins
forts que ceux de 1915. Je suis persuadé que les Prussiens ont essayé
sur le champ de tir de Dunkerque, leurs Berthas de Paris.

Il est une formule commode dans l'artillerie: la portée utile d'une
pièce est fonction de son diamètre : ainsi 7 kilom. 500 pour le 75; 12
pour le 120; 21 pour le 210; 38 pour le 380. Après, c'est faux. Le 420
ne porte guère à plus de 25 kil. Les Prussiens ont tiré avec en 17, pas
sur nous qui étions trop loin et l'on m'a dit que les grand' mères de
500 françaises n'avaient pas donné ce qu'on en attendait.

Les Berthas de Paris n'étaient que des 210. Il n'en a jamais été pris
une. On a bien inventé divers canons tirant à des 200, 300 kilom. Mais
c'était comme la Lewisite, quand on n'en avait plus besoin.

Donc, en matière de supercanons, ne pas faire trop gros.

« Gros Opus »

Les obus de 380 sont formés d'un cylindre en acier terminé par une
ogive massive, sans fusée, malgré ce qu'on a dit. C'est par masselote
qu'ils éclatent et ils s'ouvrent par le fond, où se visse un culot ayant
11 cm. de haut, 28 de diamètre et pesant 59 kil!

L'ogive est coiffée par un cône effilé, tôle de 15 mill. , qui sert de
coupe-vent, la résistance de l'air étant très grande à cause de la vitesse, et qui, en outre, leste l'obus la pointe en bas, dans sa chute et
l'empêche de virevolter ou de s'asseoir quelquefois par l'arrière ; alors
il pourrait ne pas éclater. Cette coiffe ne se voit que sur les obus non
tirés. Mais ce serait mal me connaître que croire que j'ai perdu une

seule occasion d'étudier l'anatomie d'un très bel obus ou d'une superbe bombe. Voici les dimensions, Allemandes bien entendu, de ces obus:

Hauteur de l'obus: 1 m. 39; de l'ogive seule: 0 m.45;

avec la coiffe (vissée sur 6 cm. en bas de l'ogive contre un épaulement de 15 mill.): 2 m. 10 environ.

Diamètre: 38 cm. (15 inches Anglais.)

Poids: 760 kil. dont 70 environ d'explosif.

« Cros opus », comme disait un Prussien prisonnier.

Nombre de couronnes: 3. Hauteur: 4 cm. (celle du bas) ; 3 cm. les autres. Hauteur de la zône occupée: 18 cm.

Nombre de rayures, de 5 mill. , de la pièce: 100.

C'est beaucoup ; mais plus le calibre augmente , plus les rayures doivent être fines, nombreuses et à pas long. S'il y en avait peu et de grosses, les couronnes auraient beaucoup de mal à les épouser et risqueraient d'être arrachées . Aussi ne met-on pas de couronne à la pointe (comme il y a au 88 Autrichien , ce qui est rationnel et empêche l'acier de frotter sur les rayures) mais une couronne arrachée là ferait éclater la pièce.

Dans l'obus de 420, gros et court - un tonneau de bière, de Mars, auprès de cette Colonne Vendôme qu'est le 380 - il n'y a même qu'une couronne à la base.

Comme sur la tête des rois , les couronnes causent de cruels soucis à la grande artillerie . En cuivre rouge, elles sont entrées et matées au marteau dans les cages, dont le fond est râpeux; puis tournées du calibre.

Songer aux machines nécessaires rien que pour tracer dans du tube de 38, 100 rayures hélicoïdales sur 11 m. de long , environ, c'est se rendre compte que ce genre de tir revienne à 20000 fr. le coup et fasse surtout des *dettes aux Nations*. Folie des hommes !

La chasse des 200 kil. de poudre de la gargousse est si brutale sur le culot et l'inertie de la masse si grande, que l'obus, s'il n'était pas très épais, se plisserait, au départ, en accordéon et ferait éclater le Superkanon au nez des Superartilleurs. Il faut une épaisseur minima de 5 cm. ; aux creux des cages, le culot soutient les parois. Les 210 de Paris, pesant 100 kilos seulement, mais avec une chasse énorme, avaient 4 cm. Mais alors le métal prend le poids et une bombe de 300 kilos contient plus d'explosif - trinitrotoluol - qu'un 380 de 760 kilos.

Ii est faux que la pièce soit usée après 40 ou 50 coups ; mais elle pèse, nue, près de 100 tonnes et si elle ne chauffe pas vite à cause de sa masse, elle mettra, une fois chaude, plusieurs jours à se refroidir.

Le départ d'un 380 fait une flamme énorme qui, la nuit, se voyait de Dunkerque, sans se confondre avec les mille et un feux dont la nuit du front brillait sur les nôtres. A l'hôpital 32 bis, un mur blanc s'éclairait un instant, de façon perceptible, pour des yeux habitués, par la réflexion de cette flamme sur les nuages.

L'ébranlement du sol, malgré 5 m. de béton de la plateforme, est tel, qu'une bouteille sur un égouttoir, dans une cave de Dunkerque, remuait aux départs, en signal.

La vitesse initiale atteint au moins 800 m. par seconde ; pour des raisons exposées plus loin, elle décroît très vite, puis augmente de même. Les obus franchissaient les 38 kil. environ, en 70, 75, 80, et parfois 90 secondes. Ces chiffres, que j'ai pris à quelques secondes près et à diverses reprises, varient à cause du vent et surtout des sortes de pièces qui ont tiré. On peut compter 70 " pour les 380. Cela fait environ 550 m. de vitesse moyenne. Dans ces conditions, l'obus était toujours arrivé avant le long sifflement de son passage et qui, dans l'artillerie lourde, s'entend avant la chute de la marmite, si elle a moins de 333 m. de vitesse. Il suivait, ici, l'arrivée, pendant le tonnerre de l'explosion, et peu après, nous parvenait le chant, pardon, le coup du départ, sourdement sonné, là-bas, en Belgique et mettant près de 2 minutes à nous parvenir.

Il y eut, sur Dunkerque et la région, 411 obus repérés, en 32 séances, dont 25 en 1917-1918, y compris les mixtes, où, les aéros partis après 2 heures de bombardements en série, la grande artillerie tirait sur nous pendant 3 ou 4 heures. « Compliments aux Dunkerquois » disaient « ceux » de l'Hop. 34 bis (Zuydcoote) quand la tonne volante passait au dessus d'eux. Charmantes soirées !

Les tirs se faisaient d'ordinaire de jour, mais après Août 17, ils eurent lieu presque toujours pendant l'horreur d'une profonde nuit. Pourtant, la pièce était alors plus facile à repérer et les Dunkerquois presque tous dans les caves. Les Prussiens cherchaient, évidemment un effet moral, d'ailleurs raté. Pendant un orage épouvantable, le 4 Sept. 17, tombèrent 4 obus qui se confondirent avec le tonnerre, sauf aux points de chute ; On reconnaît bien là une blague Allemande, et très lourde, pour le Sedanstag . « Tuæ blanditiæ mihi sunt, quod dici solet, gerræ germanæ » , disait Plaute. Rien n'est changé depuis, que le genre de blagues.

Le premier tir, en 1917, fut le 27 Juin. Par une attention dont on appréciera la délikatesse, le maréchal von Hindenburg nous fit l'honneur d'y assister; un obus à 5 h., promena dans la chambre de garde du 32 bis, le lit où j'étais couché. Rien de tel pour vous faire lever. Si je le rencontre, ce brav' maréchal, je le remercierai de s'être dérangé si matin pour me réveiller ¡ !

Les séances eurent lieu à des dates très irrégulières ; parfois tous les jours, parfois à des intervalles de 2 mois. Un jour, on recevait 20 obus; un autre, 3; puis, 15 ou un . Certains coups annoncés ne sont jamais arrivés ...

« Un *obus* qui montait n'est pas redescendu ﹅
comme a dit, ou à peu près, C. Mendès.

Le tir se faisait d'ordinaire avec vent *pour*, d'Est ou de Nord.

Le faisceau habituel de tir s'étendait de la mer au canal de **Furnes**, 2 kil. 600 environ. 0 m. ,001 de dérive de la pièce donnait un écart de 600 m. au but. Malgré cela, telle était la précision du tir, que 2 obus furent mis le même jour dans le bas-côté droit de S¹ Éloi et en trois coups bien alignés, les Allemands touchèrent un navire séquestré dans une des darses; soit un visuel de 100 m. C'est la mouche-révolver de 5 cm. à 20 m. Cependant, ils n'ont pas atteint les monitors à quai, ni le Cargo N° 100, manqué de peu et lancé le 25 Avril 1918, en pleine offensive.

Voyous maintenant comment on fait le tir.

D'ordinaire, un obus aborde une maison par une muraille et avec une force empruntée au canon agresseur. Dans le Supertir, les obus tombent sur les toîts et leur énergie est alors due à la pesanteur,

C'est comme si on lançait une pierre chez un voisin par dessus un mur très haut et éloigné.

Il faut d'abord repérer les buts. Pour cela, on envoie un aéro, le « photographe ﹅ . Il venait à l'heure claire, vers 12 h. Le temps - 20 minutes et je le maintiens - que « les nôtres ﹅ aient atteint les 2500 ou 3000 m. où il était, et il avait fait son boulot et regagné , en 10 minutes, sa base. chargé d'imprécations et avec 200 obus au derrière. L'après-midi suffisait aux Prussiens pour développer les clichés , les agrandir et donner les ordres. Vers 19 h. ; nous étions bons pour les premiers coups.

La pièce braquée, tire « dans la lune » et la trajectoire se fait en partie contre la pesanteur. Mais la vitesse de l'obus décroît vite et bientôt, il sera pris par la pesanteur, alors qu'il est, très haut, à un point presque mort. Dès lors, il va tomber suivant une courbe qui se rapprochera de plus en plus de la verticale. Une fois sur cette pente fatale, rien, pas même les théories d'Einstein, ne saurait arrêter sa course folle au milieu des populations atterrées. On me croira sans peine si je dis qu'il arrive avec vitesse grand V.

De quelle hauteur tombent ces obus? On le saurait, connaissant l'angle de tir. Or, il varie suivant la distance et je ne suis pas assez sûr de ce qu'il est à 38 kil. pour l'affirmer.

Mais certains monitors avaient des 15 ins., pour tirer à 40 kil. En tablant sur l'inclinaison maxima que je leur ai vu donner, on peut estimer cet angle C à 15°, avec l'horizontale b . Pour nous, b = 38 kil. Les lignes du tir forment un triangle rectangle en plan vertical, dont l'hypoténuse a est la trajectoire , supposée droite, et dont A, l'angle droit, est au but. L'autre côté c, de chute, pris comme vertical, **répond** à: $c = b$. tg. C ; ou (en kilom.) 38 . tg. 15° .

On a: log. c = log. 38 + log. tg. 15°.

log. 38.   1.57978 .

log. tg. 15° $\overline{1}$.42805 .

---

log. c.   1.00783 .

D'où c = une valeur comprise entre 10 et 11 kilom.

Tout ceci est une simple suggestion et c est évidemment exagéré ainsi. La trajectoire peut être rectiligne au début; elle cesse vite de l'être et depuis l'instant où l'obus commence à descendre, pointe en bas, jusqu'à son arrivée, la ligne de chute doit ressembler plus à celle d'un appareil du G¹ Morin qu'à une verticale.

Ces obus ne tombent pas à pic à fin de course, comme on l'a dit.

Sur un toît, côté rue, arrive à Rosendael le 21 Août 18, un obus; il sort par la façade et éclate dans la rue où des personnes, croyant la bataille d'aéros finie, se tenaient près d'un abri. La chute était donc oblique. A vue de nez, l'angle avec la verticale était de 10°; ce qui correspond bien à l'angle de chute du 210 dans S. Gervais à Paris, le

29 Mars 18. Étant peu après en permission, j'ai vu les dégâts, mais je crois que les victimes ont été faites surtout par la chute des pierres. L'église n'est pas marquée d'éclats et l'obus a dû éclater soit en touchant, soit en traversant le mur en haut.

L'angle avec la verticale m'y a paru de 10 à 12°. On peut faire ces mesures avec un rapporteur de poche, muni d'un fil à plomb, sans attirer l'attention des Bandidiots, dont la France regorgeait et qui voyaient des espions partout, sauf où ils étaient.

Mais je ne suis pas sûr que l'obus du 21 Août fut un 380, justement à cause de l'angle, des dégâts, etc. En 18, les Prussiens recevaient des Superkanons neufs, car il faut 2 ans pour en faire un et, quand la « paix » - et quelle paix! - fut imposée au Monde par un homme qu'on acclamait à la Maison-Blanche, sans voir qu'il lui fallait déjà la Maison du Docteur Blanche, - les usines Skoda, en Autriche, finissaient deux pièces dont je ne sais que ceci : elles devaient tirer sur Londres, de la côte Belge et les Prussiens, sauvés par l'Amérique de l'offensive de Lorraine, qui nous aurait donné enfin - du moins, on l'a dit - une vraie victoire, laissèrent pour compte à l'usine ces deux phénomènes Skodiques.

Mais en Août, on ne croyait pas à cette fin et, en peu d'heures, sans payer de douane, les Prussiens transportaient une pièce sur rails de France en Belgique et parfois, on a pris pour du 380 ce qui n'en était pas.

Un des 49 obus de 380 du 27 Juin 17, tua dans le Casino de Malo, un général et 24 Anglais, dont il ne fut pas parlé et qu'on enterra sans flafla. Comme si un géant eût repris l'épée dont Roland fendit les Pyrénées, le Casino fut coupé en deux. Dans ce cas, la fente était *presque verticale*. Les 380 de S. Éloi auraient dû s'ils étaient tombés en fouettant, toucher la haute toiture de la nef ; il n'en fut rien et ceux que j'ai vus dans des cours ou des pâtés de maisons, n'avaient pas non plus, traversé les toits voisins. Les 380 non éclatés, étaient bien droits, dans la terre.

C'est qu'il faut toujours penser au genre ; à 38 kil., les 380 ont un peu de la force balistique; mais, tombant plus qu'ils n'arrivent, leur angle avec la verticale est très faible. Pour une autre pièce, l'obus peut être en pleine trajectoire.

Si 2 Superkanons, soit A, limité à a 38 kil. par exemple, et B à

2 *n* ou 3 *n*, tirent à *n* kil., l'angle de chute avec la verticale sera très faible pour les obus de A et notable pour ceux de B.

Pour ceux qui les reçoivent, c'est toujours une consolation de savoir ça !

Donc, plus une pièce tirera près de sa limite, plus les obus devront tomber à pic, en utilisant le Supertir : envoyer en l'air et charger la pesanteur de donner à l'obus la force que le canon ne peut plus créer. Toute la science des artilleurs consiste à les faire tomber sur le but. Si la pièce lève, le coup est court, en deçà; si elle baisse, il sera long au delà; volontairement parfois. Les Prussiens tiraient souvent ainsi, avec une fourchette : un coup court, un coup long, un coup entre deux et les plans de tir en éventail, tous les 3 coups. Comme ce l pas de jaloux. On appelle ça: passer une ville au crible.

En 380 à 38 kil. : chute *presque* verticale, mais avec encore une légère vitesse de translation; il est seulement près de sa limite.

Pour juger les coups, on envoie aussi un aéro qui, la nuit surtout, voit très bien les départs et les arrivées.

Déviation. — A la bouche d'une pièce sont tracés : un diamètre A transversal et un B qui le coupe à angle droit. Dans le tir, quelle que soit l'inclinaison du tube, A doit rester dans un plan horizontal et B, dans le plan vertical passant par le grand axe du tube et par le milieu de l'affût sous-jacent. Ce plan doit se confondre avec le plan de tir, vertical, où se trouve le triangle, supposé p. 16 ; condition sans laquelle le coup tombera à droite ou à gauche du but, comme avec une pièce qui a un tourillon ou une roue pas d'aplomb. Des guidons de carabine de précision sont munis d'un niveau à bulle d'air pour éviter ce « couchage » de l'arme.

Les gros canons, sans tourillons, sont pris à mâchoire par le corps dans les moitiés de l'affût, commandé par les freins et inclinable. La pièce totale subit des mouvements de déviation légers, mais qui sont très sensibles à grande distance.

Le sol des Flandres Maritimes est formé, je l'ai vu sur les entonnoirs, de terre végétale et sablonneuse sur moins d'un mètre, sous laquelle s'étend, à une profondeur qui dépasse 3 m. 50, une glaise grise, trésor pour un sculpteur, mais mauvaise pour construire lourd. En 17-18, le Génie fit à l'Hop. 32 bis, dix abris gothiques - de 30000 fr. l'un !!! - avec murs d'1 m. L'une de ces masses s'enfonça et on

Intérieur de l'Abri 5 (Hôp. 32 bis.)

dut la démolir en hâte après l'armistice, pour qu'elle ne bascule pas en sapant le Pavillon Beck.

Or, une plateforme nécessitant 5 m. de béton et chargée d'un ou 2 Superkanons, constitue un poids immense qui, sur un tel terrain, a des mouvements spontanés levant, couchant etc. la pièce de très peu, mais donnant à 40 kilom. des écarts énormes. Il faut y veiller sans cesse et l'on relève le couchage avec des vérins, disposés sur l'affût. Mais si on ne le fait pas, dans un moment de grande presse, un lot d'arrivées peut se trouver faussé. C'est ce qu'il advint le 15 Octobre 18, où Rosendael, la paisible « Vallée des roses », encaissa le dernier tir d'*Æneum Murale*, l'airain mural, sive *Bellicum Tormentum*.

Ce terme, qu'on trouve dans des dictionnaires français-latin comme celui de de Wailly, 1834, n'est pas de la fantaisie. A l'invention des armes à feu, on parlait beaucoup latin et l'on créa, pour les désigner, des termes qui auraient estomaqué Cæsar. Canon : *Æneum Murale*.

Dans la Marine, le tangage et le roulis font faire, à longue portée surtout, des erreurs auprès desquelles l'Affaire Dreyfus n'était rien. Les monitors - Anglais - car je crois ce type de navire inconnu en France, qui étaient à Dunkerque, avaient une stabilité parfaite avec les « blisters » (ampoules). A la ligne de flottaison, la coque s'élargit en ailerons qui, à bâbord et tribord, règnent dans toute la longueur. Larges d'environ 1. m 50 à la coupée, ils diminuent vers les 2 bouts et y meurent. Une sorte de pont (Turret-Deck)est ainsi formé et l'on peut longer tout le navire au ras de l'eau. En dessous, les blisters se rejoignent en un fond presque plat, à bords arrondis, ressemblant au fond bombé d'un violoncelle.

Les blisters sont un balancier d'équilibre au roulis et la réaction de l'eau contre eux tend à redresser le navire, jusqu'à 40° de bande. Les monitors sont lestés par un système de water-ballasts sur lesquels je n'ai aucun détail, mais qui leur permet de prendre à volonté de la bande. Ils constituent, avec les deux 380 ou même peut-être 400 de tourelle que certains portaient, des unités lourdes et lentes pour une action navale, mais très bonnes pour tirer sur une position, ou garder une passe, une ville. Même s'ils ne vous empêchent pas d'être bombardés, des gaillards qui sortent de pareils pistolets, rassurent par leur présence.

Un monitor est une forteresse flottante, qui par gros temps reste bien immobile, qualité précieuse pour les tirs de gros canons. Les blisters ne sont pas là, comme on l'a dit, contre les torpilles, à la façon des filets Bullivan ; mais la torpille aborde la coque, tête ronde contre partie arrondie et glisse, comme une anguille, sous le fond sans percuter. Pourtant, un monitor fut torpillé, sans couler, dans le combat du 19 Octobre 1917. Les Anglais, craignant s'il était dans les cales sèches de Dunkerque, de voir les Prussiens tirer dessus avec leurs gros canons, l'évacuèrent à la remorque.

Force de pénétration — Avec éclatement: 3 m. 50 (profondeur des entonnoirs de 380) dans la terre.

Sans éclatement(très rare): 10 m.

On comprend cela, même si l'obus ne tombait que de 2000 m.

Dans ce cas, ce n'est pas un trou qu'il faut ouvrir pour avoir l'obus, c'est une petite carrière:

> « Nous entrerons dans la carrière
> Quand les obus n'y seront plus... »

Dans les formules de la chute des corps : $v = gt$, $2 e = gt^2$, n'entre pas le facteur poids, car $t^2 = 2e : g$ et les physiciens disent que, dans le vide, celui d'un laboratoire, tous les corps tombent aussi vite. Mais c'est curieux comme j'ai peine à croire, depuis que j'ai vu dégringoler le fer du ciel, qu'un 380 et une plume tombent ensemble dans un tube à vide.

Le double coup. — On entend parfois l'explosion au ras du sol, comme d'habitude et, aussitôt après, un autre coup situé « on ne sait où à 50 m. en l'air » ai-je noté; en tous cas, au dessus du premier.

Pour expliquer cela, on a dit: 1°, que c'était un « claquement » sur la couche d'air, comprimée au maximum par l'obus. Les balles claquaient ainsi sur l'air; mais, s'il en était ainsi, pour les obus, c'est le Iᵉ coup qui aurait dû être en l'air, au lieu du second.

2°, qu'il y avait 2 obus l'un dans l'autre pour assurer l'explosion et de fait, le seul 210 non explosé de Paris était, m'a-t-on dit, comme ça; mais les 2 explosions doivent se confondre au sol, évidemment.

C'est en de rares séances de tir que j'ai noté le double coup, pas à tous les obus, d'ailleurs et, fait remarquable, en Mars 1918, alors que les Prussiens tiraient sur Paris. Je ne l'ai pas entendu pendant des tirs de 380 *certain*, ni à Dunkerque; mais à Rosendael.

C'était à une époque où je dus toujours coucher dans la formation et pendant ces nuits de tir, j'allais et venais d'un pavillon à l'autre, dans les jardins, avec cette agitation qui a été comparée, non sans quelque raison, à la soif du martyre.

« Quelques-uns n'ont plus besoin de vieillir. (le P. Marchal. *L'Esprit Consolateur*. 1878.) »

Quand *L'Heure* sonnera, j'aurai encore un sentiment de gratitude envers Celle — descendue des fresques de la Toscane — qui me fit connaître alors ce livre de tous les rêves, de tous les espoirs.

A ce moment, c'était *du 290 Autrichien* qui tirait sur nous. Un de ses entonnoirs, moyens, a été près du Pav. Trystram.

Pour moi, le double coup (le second: en l'air et moins fort) tenait à une particularité de l'obus.

3°, qu'un navire Anglais tirait en même temps !! Ce qu'on l'a servi, le « navire Anglais » ! parce que reconnaître le tir des Prussiens était défaitiste; car : « ..... Ils n'auront jâmais

Nos Artilleurs et nos Câânons.... Frrrançês », chantait Pot-Fragson et, du travail de M. Schneider (Creusot) 1909, sur les gros canons, il ressort que la France tient la tête avec les canons Canet. On l'a vu ! ¡

Flexibilité des pièces. — Un 380 a 13 m. de long, environ. J'ai vu promener des 305, qui sont, à peu de chose près, aussi longs. Or, la volée prend, derrière des tracteurs qui vont au pas d'un homme, des oscillations verticales rythmiques, comme un arbre qui dépasse un chariot en marche. C'est impressionnant. Je crois que, à la sortie de l'obus, où il y a transport instantané d'une masse, la volée doit vibrer d'une façon que la photographie ultra-rapide pourrait montrer.

On voit qu'un gros canon n'est pas un trou, avec une enveloppe rigide autour —.

Nettoyage des pièces. — Je l'ai vu faire sur les monitors. A la taille près, c'est comme pour une carabine de salon. Un échafaudage est mis à la bouche, et l'on passe, avec deux cordages, des tampons gras énormes dans le tube jusqu'à propreté. Voir ensuite les rayures s'en aller, spirales de plus en plus brillantes, vers un rond de soleil, donne un avant-goût des voluptés de l'Infini.

A l'Accademia de Venezia, le *Paradis* de J. Van Bosch est déjà un trou de lumière tout au bout d'un long couloir de nuit.

Les dégâts: — sont causés par l'explosion et les morceaux.

Dans une maison, c'est la construction tout entière abattue ou du moins éventrée, lézardée et tout brisé dedans. 2 obus ont suffi pour mettre S. Éloi dans l'état représenté ici.

La grande ruine a été faite à 100 m., rue des Vieux-Quartiers, par un obus. Au centre, était une maison de coiffeur. Il n'en reste que l'escalier, dont on a laissé pourrir la vieille rampe de bois à rosaces. A gauche, une boulangerie a été à moitié démolie ; le reste est clos de planches. A droite, des bâches recouvrent un bazar, qui, malgré ses blessures, recevait la visite de quantité de soldats alliés et dont les propriétaires, M. et Mme Larkin, trouveront ici mon bon souvenir. Je remercie notre camarade, le Ph. A. M., P. Garin, de Vitry en Artois, grâce à qui j'ai pu peindre cet endroit, de sa chambre.

Les dégâts que j'ai vus chez le Dr Pepy, ou rue du Collège, etc. étaient, aussi, définitifs ; sans approcher toutefois des ruines faites par les aéros, dont l'action donne une impression différente. Avec eux, la maison s'envole, vole, vole.

Avec les obus, elle tombe du ciel pour s'écraser.

Un bastion fut entièrement rasé; une casemate eut ses voûtes en morceaux, malgré 1 m. de murs sous 1 m.30 de terre et les pissenlits dessus. Dans ces conditions, les abris faits à l'hôpital 32 bis (p. 18) n'offraient qu'une sécurité trompeuse, malgré leur talus. Un obus les aurait traversés ou retournés en bloc, comme une crêpe.

J'en parle librement, n'ayant jamais couché dedans; parce que « *No harm will come to me until my time arrives* » et puis, on y trouvait des loustics comme il y en a dans la médecine, pour faire des farces que l'on excuse chez un potache, mais pas chez un homme marié.

Le culot et les morceaux voltigent dans le paysage et garnissent bientôt les greniers. J'ai vu des culots entiers; d'autres, fendus, par la suite de chocs qu'est le départ ou plutôt par l'explosion, qui les lance en arrachant le pas de vis. On juge de la force nécessaire pour briser ces disques !

Ces effets, où l'obus joue le rôle d'un canon secondaire dont le culot est le boulet, sont inconstants et tiennent à ce que l'explosif ne part pas en masse, comme la poudre noire, mais par paquets successifs; on le verra dans *La Môme Torpille*. Dans les obus doubles, le gros peut parfois, avant d'éclater, lancer par suite de chargement inégal, le culot et le petit obus qui détonne en l'air. Pour moi, c'est une telle succession de projections et d'éclatements qui forme le double coup;

cette théorie — : chute, explosion partielle lançant le culot et le petit obus , éclatement du gros : I⁰ coup ; explosion du petit : 2ᵐᵉ coup — l'explique très bien. Mais je n'ai pu voir l'éclatement en l'air, à mon regret.

A S. Gervais, il a dû se passer un fait analogue : le gros obus a éclaté d'après ce que j'ai vu, en traversant le mur et l'a fait tomber avec le petit, libéré, qui a explosé dans l'église, comme J. Lecomte du Nouy l'a noté dans son tableau : « Là où j'étais. »

Je n'ai pas eu de chance avec cet obus. Voulant avoir l'avis de ces témoins , j'écris à M. L. du Nouy : on venait d'enterrer cet artiste regretté. Je m'adresse à M. le Curé de S. Gervais : pas de réponse (1923.)

On peut donc imaginer, d'après ces obus d'obus, un Hyperkanon lançant un Superkanon, dont l'obus enverrait, etc. etc. ; sorte de progression géométrique décroissante, qui, commencée à Lille, finirait en protomés sur la tête des Marseillais —.

Les obus éclatent sans « retard », afin de ne pas exploser, le but étant traversé. Quand j'exhortais dans la rue en Avril 18, les civils à rester, j'ai dit : « Il est sans exemple qu'un 380 soit descendu dans les caves de Dunkerque. » C'est vrai, mais cela tient, ce que je ne disais pas, à ce qu'il éclate dans la maison et non à leurs petites voûtes à deux briques. Avec du retard, aucune cave ne résiste ; on l'a vu pour les aéros.

Moyens de protection. — Le meilleur eût été de détruire les pièces. On l'a fait en 1915 ; je ne sais comment. A la 2ᵐᵉ tournée, des gens intimes avec les dirigeants, affirmaient, après chaque tir : « Dormez tranquille. La pièce a sauté. X... vient de me le dire. » Et après, on recevait 10 obus !

On pouvait utiliser contre les Superkanons :

les trains blindés de 305 ;

l'artillerie des monitors, qui tiraient parfois sur les positions de Westende, etc. Une de mes gravures donne une idée de ces navires, avec l'*Erebus* qui fut, en 1918, à Dunkerque, où il était d'ailleurs bien gardé. Ma peinture avait l'exactitude d'une photo impossible à faire ; mais on se figurera mal celui que j'ai dû me donner pour arriver à superexclusivisionner ce monitor ;

les aéros de grand bombardement. — Une fois, que je disais cela, on m'a répondu : « Mais il faudrait d'abord qu'il y en ait chez nous. »

Qu'a-t-il été fait au juste? Je ne sais.

Les Dunkerquois ont vu en Juillet 17, sur le quai Anglais, des 305 qui en Juin 19, y étaient encore, ayant passé la guerre assis là, tels Pirithoüs et Thésée, en pénitence sur leurs sièges, aux Enfers !

Je sais que la Fortifikation de Mariakerke était endommagée, mais de façon très insuffisante et il est un fait péremptoire: du 27 Juin 17 jusqu'au soir où ils voulurent bien s'en aller d'Ostende en criant: « C'est fini; nous ne jouons plus! » les Allemands ont tiré sur nous à leur convenance.

Les régions voisines ont peu reçu. Pourquoi les Prussiens n'ont-ils pas détruit les puissantes usines de Firminy? Et pourquoi n'a-t-on pas bombarbé Briey?

Pour La Panne, capitale de la Belgique, il y avait une convention tacite des Prussiens: « Ne tirez pas sur Ostende; nous ne tirerons pas sur La Panne » et le roi de Bavière avait parlé d'enlever les troupes du prince Ruprecht si elle recevait. En plein hiver de 17, La Panne était un décor d'opérette: toutes les villas louées; des magasins garnis d'articles de luxe; des restaurants à orchestre; des pâtisseries pleines de clients et dans les 20 cm. de boue entretenue par le passage des canons camoulés et des mitrailleuses cynomobiles, 20000 hommes de troupes pataugeaient entre leurs baraquements. L'hôtel de l'Océan, devant la mer du Nord, était l'Ambulance du Pr Depage, avec, pour première infirmière, S. M. Élisabeth, que j'ai eu l'honneur d'y saluer comme à Zuydcoote et à Rosendael.

Tout cela, à quelques kilomètres des lignes!

En Avril 18, les Prussiens n'ayant plus rien à ménager, tirèrent sur La Panne et un obus fit 20 victimes à l'« Océan » qui fut évacuée, à tort, selon moi. Quand une formation est menacée, on doit en ôter les blessés, mais y laisser les médecins, qni ne sont jamais moins ennuyés que dans ces moments-là.

La défense passive de Dunkerque, meilleure que l'active, a consisté en signaux et abris.

Signaux. — En 1915, on mettait, pour les attaques, un drapeau sur la Tour, le très beau clocher de S. Éloi. Ce simple moyen fut ensuite remplacé par des sirènes. L'une, électrique à plateaux, genre Cagniard de La Tour, bien entendu, y fut installée. Ses plaintes déchirantes - que j'entends encore parfois en rêve - la firent nommer *La Femme*

Sinistre, par les Anglais. Elle était doublée par un des bateaux-feu du bassin du Commerce, portant une sirène de brume : une anche à air, comme d'autres sirènes de nuit sont des tuyaux à hanches.

« .. ni le lion, ni l'éléphant même n'approchent de la puissance de cette voix-là. » (Loti. *L'Horreur Allemande*.) Je la comparais à celle d'un lion géant et les Dunkerquois à celle d'une vache.

« La Vache » était la sirène des obus, reliée par téléphone avec 2 postes d'écoute, à Hondschoote et à Ghyvelde. Quand une pièce tirait, des hommes dévoués signalaient : « Coup parti » à La Vache, qui par 2 longs appels mêlés aux sifflements de La Tour, avertissait dans un rayon de 12 kil. environ. Ce système, que Paris n'a pas su installer, est dû au Cap⁰ Contejean. Il y avait en outre, les sirènes des usines et celles qui furent mises à Coudekerque, Rosendael, Malo, villes nées autour des murs de Dunkerque, comme des joyaux sur une couronne.

On avait environ une minute après l'appel, pour gagner un abri.

Mais comme il y avait parfois de longs intervalles entre les tirs, la surveillance aux postes d'écoute se relâchait peu à peu et très souvent les 2 ou 3 premiers obus n'étaient pas signalés.

Au début d'un tir, les coups étaient toutes les 8 minutes, environ; puis s'espaçaient jusqu'à 25 ou 30 minutes. Les Allemands ont tiré ainsi parfois pendant 36 heures. La vie normale continuait, entre les chutes.

Abris — On utilisa d'abord les caves. A la porte de celles ouvertes au public, était un drapeau rouge et l'affiche : *Refuge en cas d'alerte*; suppléés, du moins d'après un plumitif fantaisiste, « la nuit par une lanterne rouge » ! Rue des Casernes de la Marine, peut-être ¡ !

Mais quand vinrent les attaques de nuit en 17, les caves ouvertes - comme celles, très sûres, de S. Éloi, (où M. le curé-doyen Chirouter m'a aimablement permis de peindre et je l'en remercie) furent rares. Surpris une fois par un joli bombardement, à la Porte de Calais où je n'avais d'ailleurs que faire, j'ai traversé toute la Ville sous la pluie, sans voir un abri ouvert.

Lorsque commencèrent, en Septembre 17, les grandes attaques en représailles de cette inutile opération que fut l'offensive des Flandres, dont Dunkerque avait été la base et dont les journaux ont tu l'échec ridicule - 6 ou 7 kilom. d'avance en 3 mois ! quand le but était Anvers - il fallut organiser autre chose. J'entends encore le cri de la Ville par les nuits de lune: « Les caves ne résistent plus ! » Au Palais de Justice, à la Mairie, au Collège, etc. des refuges-dortoirs furent établis. Mais la catastrophe de la rue Caumartin (25 Octobre) montra l'utilité des caves intercommunicantes, dès lors établies . Des abris furent faits, très profonds, dans les talus des fortifs; des casemates du Génie servirent pour l'État-Major. On fit en ville, sur le port, des abris en pavés avec chambre d'éclatement ; on en voit un à gauche du monitor. D'autres étaient en briques, comme ceux de l'hôpital 32 bis. J'ai mis ici la gravure de l'intérieur de l'un d'eux pendant un bombardement. Dans les villes voisines, des tranchées couvertes avec piliers en ciment armé rassurèrent les habitants .

En 18, on fit de nouveaux souterrains dans les talus, et les caves communiquant sur 50 m. avec voûtes en charpente, tôle ondulée et sacs de sable. J'ai vu finir un abri à l'hôp. 60 après l'Armistice.

En somme, les abris ont été : 1°. (au dessus du sol) les pyramides, les abris gothiques, les casemates — 2°. (au dessous) les caves, les couloirs, les tranchées, les taupinières. Il y avait là une ville sous terre dont l'organisation fait honneur à M. Terquem et aux Édiles de Dunkerque. Mais certaines gens, dont j'étais, ont cru que le meilleur abri était un lit sous le toit. Les abris protègent des éclats; mais d'après les dégâts terrifiants (d'aéros), les entonnoirs de 45 m. que j'ai vus en 18, on peut conclure que seuls, le 2ᵐᵉ sous-sol de la Mairie et quelques taupinières des fortifs présentaient de la sécurité.

« Canon, ton règne est passé ! » Ainsi , le 5 Juin 1870 ! avec cette rectitude de jugement, qui a caractérisé les fondateurs de la République des Articles et des Discours, celle du Papier-Bavard, en somme —parlait J. Simon (*La Revue de Paris et de S. Pétersbourg*, 15 Février 1888) le député-606, génie de la Madeleine, sinon de la Bastille. Là aussi, on l'a vu !

Depuis 1918, la France a oublié les leçons de la Guerre en de vains propos, en des entreprises comme la Ruhr, utiles en Nove. 18, mais funestes, aujourd'hui devant un ennemi ressaisi et bouillant de haine et du désir de la revanche - qu'aurait mauvaise grâce à lui reprocher le parti Optimo-Patriotard qui l'a réclamée chez nous pendant 44 ans, pour partir avec des 75 - fleuris, il est vrai - contre des 420. En 1917, la France égalait en canons, l'Allemagne de 1914, qui reprenait 80 kilom. d'avance en 1918. A nous d'en garder la mémoire.

Des « prophètes » scientifiques annoncent pour une guerre future, des moyens devant lesquels le canon disparaîtrait. Erreur ! « Wagner est une personnalité ; Saint-Saëns en est une autre, » me disait une fois le célèbre violoncelliste J. Hollmann. De même, les canons et les aéros ont chacun leur raison d'être et ne s'excluent pas. Si les effets des aéros sont incomparables, ils ne peuvent atteindre les surfaces latérales hautes et surtout, nécessitent le survol. Le canon, lui, est toujours là et pendant 16 mois, je ne me suis jamais couché sans me dire que, d'un instant à l'autre, il pouvait tomber du ciel une bricole qui m'y ferait monter, sans machine.

Dans *Le Pain Brié à Venise* (Janvier 1914) j'écrivais, en quelques lignes qui se sont trouvées singulièrement vérifiées depuis, que : le vrai, le seul but de la guerre moderne est la conquête de l'Or. Dans l'actuelle ruée mondiale vers la Phynance, chère à Ubu, les souvenirs s'effacent. Un obus peut les raviver.

Que la France cesse de se gargariser de refrains de beuglant et de se griser de ces articles de pithiatiques, qui lui ont fait un mal, dont j'ai beaucoup souffert. Ces gens-là représentent cet élément qui a créé le mot « défaitiste », pour empêcher ceux qui voyaient la Vérité, de la dire ; il est responsable de l'actuel gâchis dont l'issue né peut être, tôt ou tard, qu'une nouvelle guerre.

Des Palabres, des Histoires de Brigands Palabrais, des MoNuMeNtS, des IMPOTS, la voilà, la « victoire » !

« Le temps approche où tout le peuple Allemand sera appelé à délivrer le pays de l'ennemi et où nous pourrons de nouveau servir utilement notre ancienne maison régnante. » Ces paroles récentes du Mar. Ludendorff ont été au cœur de tout Allemand ; elles doivent éveiller chez tout Français, non la crainte, mais la vigilance et la prévoyance.

Que la France acquière dans le Travail, la Méthode par le Souvenir et l'Organisation qui sont l'opposé du cher « système D ». C'est ainsi seulement qu'elle fera définitive une « victoire » tout-à-fait provisoire.

Mais — on l'a dit — en France, il n'y a que le provisoire qui dure ! ¡

Imprimé, Texte et gravures, sur presses à bras par l'Auteur, le Dr G. Celos, 52, Boul. de Vaugirard, Paris.